Avril 1627

EDICT DV ROY,

PORTANT ATTRIBVTION de la Iurisdiction de son Domaine, à chacun Bureau des Presidens & Tresoriers Generaux de France. Erection d'iceux en deux seruices continuels. ET creation de deux Presidens, quatre Tresoriers de France, vn Aduocat & Procureur du Roy, dix Procureurs Postulans, trois Huissiers, deux Greffiers, & vn Maistre Clerc de Greffe.

erifié en Parlement, Chambre des Comptes & Cour des Aydes, le 28. Iuin 1627.

A PARIS,
ar A. ESTIENE, P. METTAYER & C. PREVOST, Imprimeurs ordinaires du Roy.

M. DC. XXVII.

Auec Priuilege de sa Maiesté.

(2)

LOVIS, par la Grace de Dieu, Roy de France & de Nauarre, A tous presens & à venir, Salut. Nos Presidens, Tresoriers de France & Generaux de nos Finances, ayans dés leur premiere institution esté establis pour auoir l'entiere administration, intendance & direction de nostre Domaine, tant sur la leuée, perception & distribution des deniers d'iceluy, que sur l'expedition, decision & vuidange des procez & differents interuenants pour raison de nos droicts, ainsi qu'il se recognoist par l'Ordonnance du Roy Charles VI. du vnziéme Auril mil trois cents nonante, qui diuisa entr'eux la fonction & exercice de leurs charges, & voulut que ceux qui vacquoient au gouuernement, intendance & distribution des deniers de nostre dit Domaine, prissent qualité de Tresoriers Generaux sur le faict & distribution des Finances ; Et ceux qui vacquoient à l'expedition & vuidange des causes & procez d'entre les parties, fussent nommez, Tresoriers Generaux de France sur le faict & distribution de la Iustice: Laquelle fonction nosdits Tresoriers Generaux auroient continuée, iusques en l'année mil quatre cens, que le mesme Roy par Ordonnance du septiéme Ianuier audit an, supprima lesdits Tresoriers Generaux sur le faict de la Iustice, & reünist leur fonction à celle des Tresoriers Generaux sur le faict des Finances pour les exercer conjointemēt sous vne mesme charge. Mais le reuenu de nostre Domaine augmentant, & les Tresoriers Generaux de France d'outre Seyne & Yonne establis à Paris, ne pouuants vacquer pour estre en trop petit nombre, à l'vne & à l'autre charge, furent commis d'Office, personnes Graduez, auec qualité de Conseillers, qui en leur absence peussent rēdre & distribuer la Iustice, & vuider les causes

&procez interuenants & concernants noſtre dit Domaine. Leſquelles Commiſſions furent creées en tiltre d'Office, iuſques au nombre de cinq ſeulement, par Edict du Roy Charles VIII. du mois d'Aouſt mil quatre cens nonante ſix, qui en compoſa & érigea vne Chambre à Paris, qu'il vouluſt eſtre appellée la Chambre du Treſor de ſon Domaine. Laquelle Chambre fut augmentée de trois autres Conſeillers, faiſants le nombre de huict, par Edict du Roy François I. du mois de Feurier mil cinq cens quarante trois, qui eſt celle de preſent y eſtablie, en laquelle preſident tous noſdits Treſoriers Generaux de France, de quelque Bureau ou Generalité qu'ils ſoyent, Auec pouuoir & iuriſdiction à laditte Chambre, de cognoiſtre en premiere inſtance, & iuger priuatiuement à tous autres Iuges, de tous procez & differents qui ſe peuuent mouuoir & intenter pour raiſon de noſtre dit Domaine & choſes qui en dependent, Comme de nos droicts d'aubeines, eſpaues, baſtardiſes, desherences, & autres biens vacquans, Meſmes pour les dixmes infeodées qui sont mouuantes en foy & hommage de nous, & où nous pouuons auoir quelque interest, & ce au dedans des fins & ressorts de nostre Preuosté & Vicomté de Paris, & des Bailliages de Senlis, Melun, Brye-Conterobert, Estampes, Dourdan, Mantes, Meulan, Beaumont sur Oise, & Crespy en Valois seulement. Et dautant que la Iurisdiction de nostre dit Domaine, dés sa premiere origine & institution, a toujours appartenu à nosdits Presidens & Tresoriers Generaux de France, & que depuis quinze ou vingt ans la plus-part de ceux qui ont esté receus en chacun desdits Bureaux, sont personnes gradués & de robbe longue, qui pour s'accommoder au temps & à la creation de leurs Offices, se sont faits receuoir en robbe courte, auec autant de capacité que les Officiers de robbe longue; Et que nosdits Baillifs & Seneschaux ou leurs Lieutenants, n'auoient anciennement aucune iurisdiction sur nostre dict Domaine, & n'ont commencé d'en iouïr que depuis l'Edict de Cremieu, donné au mois de Iuin, mil cinq cens trente six, par lequel leur eſt attribué, & à tous Iuges reſſortiſſans ſans moyen pardeuant nos Cours de Parlements, la iuriſdiction & cognoiſſance de toutes les cauſes de noſtredit Domaine, eſquelles nos Procureurs ſont parties principales, auec defenſes aux Preuoſts, Chaſtelains & autres Iuges inferieurs, d'en cognoiſtre; Et qu'au moyen de cette attribution de iuriſdiction, noſtredict Domaine à preſent eſt grandement diminué, pour n'auoir leſdits Baillifs, Seneſchaux ou leurs Lieutenants, aucune cognoiſſance de la valeur d'iceluy, ne tenir aucuns papiers terriers, ny n'auoir le loiſir d'en dreſſer, ioinct que ce n'eſt leur premiere inſtitution, ains de cognoiſtre principalement de toutes matieres, procez & differents interuenans entre les parties, & autres cas & chefs de iuriſdiction qui leur ſont attribuez par nos Edicts & Ordonnances; Et que noſtredict Domaine ſe pourroit entierement perdre & vſurper, ſi la iuriſdiction en eſtoit plus long temps par eux exercée: SÇAVOIR FAISONS, qu'apres auoir mis cét affaire en deliberation en nostre Conseil, où estoient la Royne nostre tres-honorée Dame & Mere, nostre tres-amé Frere le Duc d'Orleans, aucuns Princes & Seigneurs de nostre Royaume, & autres de nostre Conseil, Par nostre Edict perpetuel & irreuocable, AVONS reuocqué & reuocquons ledit Edict du mois de Iuin, mil cinq cens trente six, & tous autres qui ont attribué ou confirmé la cognoissance de nostre Domaine ausdits Iuges. Et conformement à celuy du mois de Feburier mil cinq cens quarante trois, portant creation de nostreditte Chambre du Tresor à Paris, & attribution aux Conseillers d'icelle, & aux Presidens & Tresoriers Generaux de France, de cognoistre priuatiuement à tous autres Iuges du faict de nostredit Domaine & choses qui en dependent; Auons attribué & attribuons, à tous les Bureaux de nosdits Presidents, & Tresoriers Generaux de France, establis en chacune Generalité de nostre Royaume (fors à celuy de Bretagne) pareil pouuoir, iurisdiction & cognoissance, que celle attribuée

attribuée à nostre Chambre du Tresor à Paris, par le susdit Edict de l'année mil cinq cens quarante trois.

VOVLONS à cet effect, que chacun desdits Bureaux au dedans des fins & limites de leurs Generalitez, iugent, cognoissent & decident en premiere instance & priuatiuement à nosdits Baillifs, Seneschaux, Preuosts, leurs Lieutenants & autres Iuges, de tous procez & differents qui se pourront mouuoir & intenter pour raison de nostre dit Domaine; cens, surcens, rentes, & autres droicts, circonstances & dependances d'iceluy, comme de toutes matieres d'aubeines, espaues, bastardises, desherences, & autres droicts de biens vacquants où nos Procureurs de nosdits Bureaux creés par nostre present Edict, pourront auoir quelque interest, ensemble des dixmes infeodées mouuans en foy & hommage de Nous, des hommages des Vassaux tenans de Nous, des lettres de souffrance & de confortemain, qui sont prises par nos Vassaux pour raison des fiefs & hommages tenus & mouuans d'iceux; Et la reception des foy & hommages de tous les fiefs dépendants de noſtre Domaine, & par main ſouueraine quand elle échet, enſemble de toutes entrepriſes & vſurpations qui ont eſté faictes & ſe feront ſur noſtredit Domaine, ſoit que noſtredit Procureur y ſoit partie, ou entre particuliers.

ENIOIGNONS à noſdits Baillifs, Seneſchaux, Preuoſts & Vicomtes ou leurs Lieutenans, chacun dans le reſſort de leurs Bailliages, Seneſchauſſées & Preuoſtez, de proceder par preuention, ou faire proceder pour la conſeruation de nos droicts, à la requeſte de noſdits Procureurs eſdits Bailliages, Preuoſtez ou Vicomtez, à l'inſtant que leſdits Iuges en ſeront requis par eux, par voyes de ſaiſies, ſeellez & mainmiſes, ou autres voyes, ſur les biens des Eſtrangers, Baſtards, & autres biens vacquans qui nous appartiennent, ou qui nous ſeront adiugez par decret, confiſcation ou autrement, & enuoyer dans trois iours au Greffe du Bureau de noſdits Preſidens & Treſoriers Generaux de France du reſſort de leurſdits Bailliages, Preuoſtez ou Vicomtez, lesdits exploicts de saisies, actes, & seellez & main-mises, pour en faire par nosdits Presidens & Tresoriers Generaux, les poursuittes & diligences, ainsi qu'ils verront estre à faire.

Et où nosdits Baillifs, Seneschaux, Preuosts & Vicomtes ou leurs Lieutenans, seroient refusans ou dilayans de proceder ausdits exploits de saisies, seellez, & main-mises, Enioignons à chacun des Receueurs ordinaires de nostre Domaine, establis esdits lieux, d'en aduertir en toute diligence nostre Procureur du Bureau de leur Generalité, pour requerir ce qui sera de la conseruation de nos droicts, & y estre pourueu par lesdits Presidens & Tresoriers Generaux de France ainsi qu'il appartiendra.

Defendons à nosdits Baillifs, Seneschaux, Preuosts & Vicomtes, ou leurs Lieutenans, procedans ausdits seellez, exploits de saisies ou main-mises, de faire aucun inuentaire ou description de biens à Nous appartenans à cause des susdits droits, reseruant laditte description ou inuentaire d'iceux, à nosdits Presidents & Tresoriers Generaux de France, ou à leurs subdeleguez du Bureau de la generalité où lesdits biens se trouueront, & qui nous seront escheus à l'exclusion de tous autres Iuges, de quelque ressort & pouuoir qu'ils soyét afin de conseruer par nosdits Tresoriers Generaux de France, & tenir par eux procez verbal, de tous les Tiltres, Enseignements & Actes concernans nostre Domaine, & autres qui se pourront trouuer dans l'inuentaire des biens de ceux qui nous escherront ou appartiendront par forfaicture, confiscation ou autrement.

VOVLONS en outre que tous procez ou differents qui sont ou seront pendans par deuant nos Baillifs, Seneschaux & autres Iuges Royaux, concernants nostre dit Domaine, droicts & choses qui en dependent, soient aussi par eux renuoyez, comme nous les renuoyons par ces presentes, au Bureau de nosdits Presidens & Tresoriers Generaux, du ressort de leursdits Bailliages, Seneschaussees & Iurisdictions, pour y estre iugez, decidez & terminez ſuiuant nos Edicts & Ordonnances. DEFENDONS auſdits Baillifs, Seneſchaux & Iuges, d'entreprendre aucune iuriſdiction ou cognoiſſance deſdits procez & differents, ny d'en iuger & terminer les inſtances, s'ils ne ſont commis & deputez pour ce faire par leſdits Preſidens & Treſoriers Generaux de France, à peine de nullité de leurs procedures & iugements.

ET d'abondant ſuiuant les Edicts des mois de Nouembre mil ſix cents ſept, & Feurier mil ſix cents vingt-ſix, par leſquels eſt donné pouuoir à noſtre grand Voyer, de cognoiſtre dans nos Villes, Fauxbourgs & grands chemins, du faict de laditte voirie, & à noſtre Chambre du Treſor, de tous les differents qui interuiendront pour les droits deus & affectez audit grand Voyer, & ſuppreſſion de laditte charge de grand Voyer, & reünion d'icelle aux Charges & Offices de noſdits Preſidens & Treſoriers Generaux de France; Auons attribué & attribuons à chacun des Bureaux de noſdits Preſidents & Treſoriers Generaux de France, és fins & limites de leurs generalités, La iurisdiction en premiere instance de laditte voirie, circonstances & dépendances d'icelle, Et ce és villes & lieux dépendants de nos Iustices Royales en premiere instance, pour iuger & decider tous procez & differents qui seront meus & intentez, tant pour raison d'icelle Voirie que dépendance.

POVRRONT iuger nosdits Presidens & Tresoriers Generaux de France, chacun en l'estenduë de sa Generalité, definitiuemẽt & en dernier ressort, iusques à deux cents cinquante liures & au dessous pour vne fois payer, & iusques à dix liures de rente en fonds, & le double desdittes sommes par prouision. ET voulons que sur toutes les matieres cy-dessus, dont nous leur auons attribué & attribuons la cognoissance, ils ayent à passer outre à l'instruction & iugemẽt definitif d'icelles, Nonobstant oppositions ou appellations quelconques, & sans prejudice d'icelles, pour les sommes cy-dessus. Lesquelles oppositiõs & appellations de nosdits Presidens & Tresoriers Generaux de France, nous voulons estre releuées nuëment & immediatement pardeuant nos Cours de Parlements, au ressort desquels sont establies nosdites Generalitez.

NOSDITS Presidens & Tresoriers Generaux de France, chacun és Bureaux de leursdittes Generalitez, tiendront leurs Audiences en habit decent, les Mardy, Ieudy & Samedy matin, s'il est necessaire; Sçauoir, depuis le premier iour d'Auril, iusques au dernier Septembre, à huict heures du matin iusques à dix heures; Et depuis le premier Octobre iusques au dernier Mars, depuis les neuf heures iusques à vnze heures: Pour y iuger le plus sommairement que faire ce pourra, les causes qui seront traitées par deuant eux. Et pour le regard des causes qui seront appointées au Conseil, Elles seront distribuées par le plus Ancien des deux Presidens qui sera en exercice: Et en son absence par son compagnon d'Office, qui retiendront chacun vn procez pour eux par preciput. Et ne pourront estre iugés, à moindre nombre que de cinq. Les espices desquelles causes & de tous autres procez par écript, & sujets à estre rapportez (sans comprendre les instructions qui demeureront à ceux qui auront esté commis) seront partagez, Sçauoir le quart pour le Rapporteur & les trois autres quarts pour tous les autres en commun, tant presens qu'absens, A la charge qu'ils seruiront du moins quatre mois en l'année de leur exercice. Lequel exercice nous voulons estre fait à l'aduenir alternatiuement & par années distinctes & separées, Sçauoir moitié desdits Officiers en l'vne des années, & l'autre moitié en la suiuante : chacune desquelles années commencera au premier iour du mois de Iuillet, & finira au dernier iour du mois de Iuin ensuiuant: La premiere desquelles aura lieu dudit premier Iuillet prochain.

Et afin qu'il y ait nombre suffisant d'Officiers pour vacquer tant au fait des Finances, qu'à celuy de la Iustice, alternatiuement, & requerir ce qui nous appartient, écherra & appartiendra, tant à cause de nostre Domaine qu'en la perception, cueillette, & leuée des droicts de laditte Voirie & de tous autres droits Doma-

Domaniaux, Auons par nostre dit present Edict, creé & erigé, creons & erigeons en chef & tiltre d'Office formé, Quatre nos Conseillers & Tresoriers de France & Generaux de nos Finances, en chacun des Bureaux & Generalitez de nostre Royaume, pour faire iusques au nombre de dixhuict en chacun desdits Bureaux, & y auoir neuf desdits Officiers en chacune année, pour vacquer à l'exercice & fonction desdittes charges. Et afin qu'en chacune année, il y ayt deux Presidens esdits Bureaux, pour tenir les Audiances, & faire la distribution des procez & autres affaires, Nous auons aussi par ce mesme Edict, creé & erigé deux charges & qualitez de Presidens en chacun desdits Bureaux, outre les deux qui y sont à present, pour estre tenuës & possedées par deux desdits Tresoriers de France, anciens ou nouueaux. Et seront les plus anciens preferez à leuer lesdittes charges & qualitez si bon leur semble: & en leur refus & defaut, sera loisible aux autres qui les suiuront en ordre de reception, de les prendre & leuer, &

ce pour la premiere fois seulement. Ensemble nous auons creé vn Aduocat & vn Procureur pour Nous auec la qualité de nostre Conseiller, en chacun d'iceux Bureaux, aux gages, pour le regard desdits Tresoriers Generaux de France & nostre Procureur, tels & semblables dont ioüyssent à present les Tresoriers Generaux en chacun des Bureaux où ils sont establis, sans y comprendre les augmentations qu'aucun d'iceux ont obtenuës à cause des suruiuances ou autrement: Et à nostredit Aduocat aussi de douze cens liures aussi par an : Dont ils seront payez sur mesme fonds & nature que les autres Officiers desdits Bureaux. Et à cette fin sera fait & laissé fonds en nos Estats par chacun an. Et ioüyront des mesmes droicts de Busche & de presence, honneurs, priuileges, exemptions, authoritez, preseances & prerogatiues, dont ioüyssent nos autres Presidens & Tresoriers Generaux de France desdits Bureaux. Comme aussi nous auons creé & erigé, creons & erigeons par nostre present Edict, dix Procureurs postulants en chacun Bureau, pour exercer lesdittes charges, tant esdits Bureaux des Finances qu'en la Iustice dudit Domaine & Voirie, qui auront pouuoir de dresser les Estats des Comptables qu'il leur conuient presenter par chacun an esdits Bureaux, pour lesquels ils ioüyront des vingt cinq liures qui sont passées & alloüées ausdits Cōptables, pour la presentation & verification desdits Estats, & encore trois Huissiers outre les cinq qui sont à present establis, qui feront en chacun desdits Bureaux le nombre de huict: lesquels se diront & qualifieront Huissiers de la Iurisdiction de nostre Domaine, establis en la Generalité de   auec pouuoir d'exploicter par tout nostre Royaume, à l'instar & aux mesmes Priuileges, franchises & libertez que ceux de nos Chambres des Comptes & du Tresor à Paris : N'ENTENDONS neantmoins que lesdits trois Huissiers creez de nouueau par le present Edict, puissent faire aucun preiudice au premier Huissier, Concierge & Garde-meubles creé én chacune Generalité par nostre Edict du mois de Feurier, mil six cens vingt-ſix. Lequel premier Huiſſier exercera ſaditte charge tant audit Bureau qu'en la Iuſtice dudit Domaine, en toutes les années, à l'inſtar de celuy de noſtreditte Chambre du Treſor eſtablie à Paris.

COMME auſſi pour les expeditions des cauſes d'Audiances, & Procez par eſcrit, Auons creé & erigé, creons & erigeons en chacun deſdits Bureaux, vn Greffier hereditaire pour l'ordinaire des cauſes, auec vn maiſtre Clerc & vn Greffier des Preſentations, auſquels nous auons attribué ſemblables droicts que ceux dont ioüyſſent nos Greffiers & maiſtres Clercs des Preſidiaux de noſtre Royaume.

ET DAVTANT qu'en aucuns lieux de noſtre dit Royaume, il y a des Iuges particuliers, & autres Officiers creez & eſtablis, pour le ſeul fait de noſtre dit Domaine, la fonction deſquels ne peut auoir lieu pour l'aduenir au moyen du preſent Edict: NOVS auons eſteint & ſupprimé, eſteignons & ſupprimons tous leſdits Offices, à la charge qu'ils ſeront par nous rembourſez de la valeur d'iceux. N'entendons toutesfois comprendre en ladite ſuppreſſion, les Officiers de noſtre Chambre du Treſor à Paris.

N'ENTENDONS auſſi diminuer aucune choſe auſdits Treſoriers Generaux de France, ſur la ſomme de trois cens douze liures par an, dont ils ioüyſſent pour leur droict de preſence, ains voulons qu'ils leurs ſoient payez entierement par chacun an, encores qu'ils ne ſeruent alternatiuement.

TOVS leſquels Offices creez par noſtre preſent Edict, ſeront receus au payement du droict annuel, ainſi que les autres Officiers deſdittes Generalitez: Sans pour ce payer aucun preſt, ny ledit droict annuel pour la preſente année, par ceux qui en ſeront pourueus.

SI DONNONS en mandement à nos Amez & Feaux Conſeillers les Gens tenans nos Cours de Parlemens, Chambres de nos Comptes & Cours de nos Aydes, que noſtre preſent Edict, ils facent chacun endroit ſoy, & comme à luy appartiendra, lire, publier & regiſtrer, & le contenu en iceluy inuiolablement garder, obſeruer & entretenir, ſans permettre qu'il y ſoit contreuenu, nonobſtant oppoſitions ou appellations quelconques: pour leſquelles & ſans preiudice d'icelles, ne voulons eſtre differé: Et dont ſi aucunes interuiennent, nous auons retenu & reſerué, retenons & reſeruons, la cognoiſſance à Nous & à noſtre Conſeil, & icelle interditte à toutes nos autres Cours, Iuges & Officiers, nonobſtant auſſi le ſuſdit Edict du mois de Iuin mil cinq cens trente ſix, & tous autres Edicts, Ordonnances, Arreſts, Reglemens, Defenſes, Priuileges, & autres Lettres à ce contraires, ou données en conſequence: auſquelles & aux derogatoires des derogatoires y contenuës, Nous auons dérogé & dérogeõs par ceſdites preſentes: CAR tel eſt noſtre plaiſir. Et par ce que des preſentes on pourra auoir affaire en pluſieurs & diuers lieux, Nous voulons qu'au Vidimus d'icelle deuëment collationné par nos Amez & Feaux Notaires & Secretaires, Foy ſoit adiouſtée comme au preſent original. Auquel, afin que ce ſoit choſe durable, ferme & ſtable, à touſiours, Nous auons fait mettre noſtre ſeel, ſauf en autres choſes noſtre droict & l'autruy en toutes. DONNE' à Paris, au mois d'Auril, l'an de grace mil six cens vingt-ſept: Et de noſtre regne le dix-ſeptiéme. Signé, LOVIS. Et plus bas, Par le Roy, DE LOMENIE. Et à coſté, VISA. Et ſeellé du grand ſeau de cire verte en lacqs de ſoye rouge & verte.

Et au deſſous eſt eſcrit:

Leu, publié & registré, Ouy & ce requerant le Procureur General du Roy, à Paris en Parlement le Roy y ſeant, le vingt-huictiéme iour de Iuin mil ſix cens vingt-ſept.

Signé, DV TILLET.

Leu, publié & regiſtré en la Chambre des Comptes, oüy le Procureur General du Roy, du tres-exprés commandement de ſa Majeſté, porté par Monſeigneur ſon Frere, venu exprés en ladite Chambre, aſſiſté des Sieurs Duc de Bellegarde, Cheualier de ſes Ordres, de Champigny & de Leon, Conſeillers en ſes Conſeils d'Eſtat & Priué, le vingt-huictieſme iour de Iuin mil ſix cens vingt-ſept.

Signé, BOVRLON.

H 24 80

Leu, publié & registré par le commandement du Roy, porté par Monsieur Frere unique dudit Seigneur, aßisté du Sieur de Bellegarde, Cheualier des Ordres de sa Majesté, & des sieurs de Champigny & de Leon, Conseillers en ses Conseils d'Estat & Priué, Oüy, & ce consentant le Procureur General de sadite Majesté. A Paris en la Cour des Aydes les Chambres assemblées le vingt-huictiesme iour de Iuin, l'an mil six cens vingt-sept.

Signé, DE LAISTRE.

Collationné aux originaux par moy Conseiller & Secretaire du Roy.

www.ingramcontent.com/pod-product-compliance
Ingram Content Group UK Ltd.
Pitfield, Milton Keynes, MK11 3LW, UK
UKHW021912290826
14628UKWH00020B/3046

9 782329 316048